ÒR A MHAIREAS
Bàrdachd Ùr á Albainn Nuaidh

LASTING GOLD
New Nova Scotia Gaelic Poetry

ÒR A MHAIREAS
Bàrdachd Ùr á Albainn Nuaidh

LASTING GOLD
New Nova Scotia Gaelic Poetry

air a dheasachadh le | edited by

Eimilidh NicEòghainn

còmhla ri | with

Seoige NicDhòmhnaill

bradan press

Halafacs, Alba Nuadh
Halifax, Nova Scotia

Òr a' Mhaireas / Lasting Gold was first published in 2022 by Bradan Press.

"Moladh Albann Nuaidh" (In Praise of Nova Scotia) by Allan "The Ridge"
MacDonald excerpted from *As a' Bhràighe / Beyond the Braes: The Gaelic
Songs of Allan the Ridge MacDonald (1794–1868)*, 2nd edition, compiled by
Effie Rankin. Cape Breton University Press, 2005, pp. 76-81.

ISBN 978-1-988747-99-6

Bradan Press
Halifax, Nova Scotia, Canada
info@bradanpress.com | www.bradanpress.com

Library and Archives Canada Cataloguing in Publication

Title: Òr a mhaireas : bàrdachd ùr á Albainn Nuaidh / air a dheasachadh le Eimilidh NicEòghainn ;
còmhla ri Seoige NicDhòmhnaill = Lasting gold : new Nova Scotia Gaelic poetry / edited by
Eimilidh NicEòghainn ; with Seoige NicDhòmhnaill.
Other titles: Lasting gold : new Nova Scotia Gaelic poetry | container of (work): Òr a mhaireas. |
container of (work): Òr a mhaireas. English.
Names: McEwan, Emily, editor. | MacDonald, Joyce (Gaelic language instructor), editor.
Description: Text in Scottish Gaelic language, with parallel English translations by the authors.
Identifiers: Canadiana 20220218579 | ISBN 9781988747996 (softcover)
Subjects: LCSH: Scottish Gaelic poetry—Nova Scotia. | LCSH: Scottish Gaelic poetry—Nova Scotia—
Translations into English. | LCSH: Scottish Gaelic poetry—21st century. | LCSH: Scottish Gaelic
poetry—21st century—Translations into English. | LCSH: Canadian poetry—Nova Scotia. | LCSH:
Canadian poetry—21st century. | LCGFT: Poetry.
Classification: LCC PS8229.G3 072 2022 | DDC 891.6/31409716—dc23

The Scots, founded in 1768 in Halifax, Nova Scotia, supported
the publication of this book through its fund, the North British
Society Charitable Trust.

Printed in Canada

Clàr-innse
Table of Contents

Ro-ràdh

Tha tiotal a' chruineachaidh seo stèidhichte air abairt anns an dàn
"Moladh Albann Nuaidh" le Ailean "A' Rids" Dòmhnullach (1794–1868)
á Bràigh Loch Abar, Alba, agus Màbu, Ceap Breatainn:

Nis o'n thàinig thu thar sàile
Chum an àite ghrinn,
Cha bhi fàilinn ort ri d' latha
'S gach aon nì fàs dhuinn fhìn [...]
Tighinn do dhùthaich nam fear glana
Coibhneil, tairis, caomh:
Far am faigh thu òr a mhaireas...

'S e an luchd-ealain a th'air an cur an aithne anns a' chruinneachadh
seo 'nam fìor òr. Ann a bhi a' cur romhainn litreachas ùr na Gàidhlig,
tha iad a' dearbhadh dè cho làidir is maireannach a tha cànan is cultar
nan Gàidheal an Albainn Nuaidh. Agus mairidh na faclan a dh'fhigh
an luchd-cruthachaidh a chionn 's gu bheil iad a' glacadh na prìomh
cheisteadh, ciamar is ciall do nighean air neo mhac an duine an saoghal
anns a bheil iad an sàs, nach gabh sgaradh is e 'gan sìor-chuairteachadh,
'gam pasgadh coltach ris an adhar a théid analachadh ged nach téid
'fhaicinn?

Gaol air a' Ghàidhlig, call, uaigneas, bàs, dòchas, misneach, moladh,
aoigheachd, àrainneachd, bòidhchead, tinneas-inntinne, brìgh
spioradail, leanaltachd, laoich, féin-aithne Ghàidhealach is tuilleadh a
gheobhar 's na dàin seo. 'S e a bhi 'gan leughadh is a bhi a' studaigeadh
orra 'na fhiosrachadh fhéin! Gum meal thusa, a leughadair chòir, na
dàin seo is gun gluais iad thu mar a ghluais iad mise.

Lodaidh MacFhionghain
Kwipew, Mi'kma'ki | Guìpeò, Alba Nuadh
An Giblean 2022

Foreword

The title of this collection is based on a phrase in the poem "Moladh Albann Nuaidh" (In Praise of Nova Scotia) by Allan "The Ridge" MacDonald (1794–1868) of Brae Lochaber, Scotland and Mabou, Cape Breton:

Now that you have come from overseas
To this fair place,
You will lack for nothing all your days
As all things fare well for us: [...]
Coming to the land of fine people
Kindly, gentle and civil:
Here you will find lasting gold...

The artists introduced in this collection are the true gold. In presenting new Gaelic literature, they demonstrate how strong and lasting the language and culture of the Gaels are in Nova Scotia. The words that the creators have woven will also last, since they grapple with the essential question: how does humanity make sense of the world in which it is inextricably stuck, that surrounds and envelopes it like air that is inhaled though not seen.

Love for the Gaelic language, loss, solitude, death, hope, courage, praise, hospitality, the environment, beauty, mental health, spiritual essence, persistence, heroes, Gaelic identity and more are found in these poems. To read them and to ruminate on them is in itself an experience! May you enjoy these poems, dear reader, and may they move you as they moved me.

Lewis MacKinnon
Kwipew, Mi'kma'ki | Middle Sackville, Nova Scotia
April 2022

Dàin
Poems

Cànan mo Rùin
Carolain Bennett

Ma dh'fhaoidte gun d' thàinig an gaol seo nam chridhe
Gu slaodach—a' tighinn gu dìomhair 'nam inntinn.
Is dh' àitich e m' aigneadh—gu sàmhach 'na thighinn.
Bha m' anam 'ga lìonadh gu 'chùl.

Bha mis' air mo thàladh le òrain bha ceòlmhor,
Is cànan cho àlainn 's bha mise gun eòlas.
Gun cuala mi fuaimean ghruamain 's iad brònach
Is guthan làn sòlais is sunnd.

Gun d' dh'innis iad mu chianalas, éibhneas is ghaol dhomh
'S le faclan bha rìomhach sheinn iad mu'n t-saoghal dhomh.
Bha miann orm air ciall is tuigse an smaointean,
De'n bhrìgh seo gar n-aonadh às ùr.

Gun d' dh'iarr mi aithneachd air àilleachd na bàrdachd
Gus bruidhinn mu dhaonnachd 's mu ghaol 's mo ghràidhean'
Is dìomh'reachd mo chridhe is grinneas an Nàdair
Is fhuair mi cànan mo rùin.

Language of my Desire
Caroline Bennett

Perhaps this slow love came into my heart
And crept secretly into my mind.
Quietly coming, it dwelt in my thoughts,
My soul, completely, was filled.

Entranced by music, melodious song
A language so beautiful, strange
Sounds of melancholy, sadness were heard
And voices of solace and joy.

Telling of longing, of love, and delight
With elegant words they sang
Of the world—and for its meaning I longed,
This spirit our joining anew

I needed to know of their beauty of verse
To speak of humanity, love,
Of Grace of Nature and myst'ries of heart
My language of love, it was found.

Aig Beul a' Gheamhraidh
Carolain Bennett

Aig beul an là bha ànradh fuar làidir
A' séideadh thar bhlàran is òba 's bàgh-shàile
Bha réidheas na glòmanaich blàthmhoir air fhàgail
'S a' chòbh bha bàtaichean tréigte.

Is chailleadh aisling nan dìthean air sléibhtean
'S air tràighean is machair bha sìde fhliuch éitidh
Bha àirigh na dìseart aig ìochdar na beinne
'S ann liath bha éirigh na gréine.

'S fuar bha faobhar na gaoithe bho sgùrr dubh
'S le cluasan 's aodann 's gualainn gun dùbhlan
Air cuairsgeadh le aodaich gus fuachd a ghiùlan
Bha gaoth mhòr a' bùrach 's mi 'g éisteachd.

Bha gugail nan gugachan 's ràc-ràc a' gheòidh-ghlais
Is glagadaich fharspaig a' rànaich bho sgòrr ghlas
Air briseadh na mara snàmh càlagan 's ròin-ghlas'
Is iadsan a' crònadh 's ag èigheach.

'S a' bhaile bha solais a' nochdadh bho àrasan
Nuair lasadh iad coinnlean bha brochan a' blàthachadh
Bha fabhradh na toite bho bhothain is fhàrdaich
Aig toiseach an là 's 'ad ag èirigh.

Gun tòisicheadh ràith nan ànraidhean an là seo
Le reòth geal bha tràth air càthar is fàireadh
Is ceò-uisg' 'san àile is fàir' air a sgàileachadh
Is dathan a' fàsas nas céire.

Ged b' àbhaist do'n àm seo bhith gruamach 's làn ònrachd
Bidh blàth-fhuil 'san àiteachan fhuarach làn òrain
Bidh càirdeas ri teallaich is duain 's sgeòil-mhòra
Le cuimhneachan dreòis a' Chèitein.

'S thionndaidh mi 'n uairsin le gaoth air mo chùlaibh
'S mi gluasad gu slaodach gu smuainteach 's mi dùil-mhór
Air buadh is aoigheachd is suaimhneas is sùgradh
'S sinn fuadachadh dùdlachd le éibhneas.

At the Beginning of Winter
Caroline Bennett

A cold, strong storm at the break of the day
Blowing over field, sea-cove and bay.
The stillness of blossoms in gloaming was gone
In the cove the boats were deserted.

The vision of blossoms on hillsides no more
And stormy wet weather on machair and shore
At the foot of the mountain a sheiling forlorn
And the sun was then grey at its rising.

The edge of the wind from the high cliffs was cold
On ears, face and shoulders to weather exposed
And wrapped to endure the cold I was clothed
The wind roared, I stood and I listened.

The squawking of gannets and croak of grey geese
And clacking of seagulls cried from grey peaks.
On the crest of the waves swam sea-birds and seals
Calling and crooning and screaming.

Lights from the dwellings appeared on the farm
The candles were lit, the porridge was warmed,
Eddies of smoke rose from bothy and hearth,
At the start of the day and they rising.

Beginning this day, first storm of the season
With early white frost on hillside and peat-moss,
The horizon obscured with mist from the sea
And the colours were growing more dusky.

Although this time oft' can be gloomy, alone
In these windward places, warmed, filled with song
There'll be friendship at firesides with story and poem
And memories of bonfires in May.

I turned around slowly with wind at my back,
Thoughtful, expectant, I moved down that track
Thinking of gladness, community, cheer,
Of banishing deep winter's drear.

An Dùsgadh
Carolain Bennett

Thàinig an t-Earrach gu fiatach slaodach,
Fhad's a chaidil an leitir chraobhach.
Shnàig e troimh 'n ùir na tàmh 's air raointean,
'S dhùisg e an saoghal le ceòl.

Thàinig an t-Earrach le blàthan 's le mànran.
'Gabhail port sàmhach air na gealagan-làir e
Dh'fhuirich mi fada ri deò-ghaoithe bhlàth-mhor
'S dh'fhàs anns a bhlàths mi beò.

Chuir mi fàilt' air an Earrach le aighear is éibhneas.
Dh' aodaich e l' blàthan cho àlainn mo gheugan.
Dhanns mi 'sa ghaoith nam éideadh ùr sgèimhichte
'S sheinn sinn le chéile ar ceòl.

Thàinig an t-Earrach gu fiatach slaodach,
Fhad's a chaidil an leitir chraobhach.
Shnàig e troimh 'n ùir na tàmh 's air raointean,
'S dhùisg e an saoghal le ceòl.

The Awakening
Caroline Bennett

Spring came quietly and slowly
While the wooded hillside slept.
He crept through the sleeping earth and over the fields
And awoke the world with music.

Spring came with blossom and humming,
Playing a soft melody on the snowdrops.
I waited long for a warm breath of wind
And in the warmth I became alive.

I welcomed Spring with joy and gladness,
And he clothed my limbs with beautiful blossoms.
I danced in the breeze—adorned in my new garment
And together we sang our song.

Spring came quietly and slowly
While the wooded hillside slept.
He crept through the sleeping earth and over the fields
And awoke the world with music.

Co-cheangailte
Carolain Bennett

Co-cheangailt' tha sinne le bàrdachd is ceòl
Bho thoiseach na sìorrachd 's o shinns'rean nach beò,
Thar linntean is àitichean, croitean 's crò,
'Sa chainnt aig mo mhàthair 's a cànan làn deò.
O éistibh ri guthannan àrsaidh bho'n cheò
Is bheir iad an t-eòl bho àilean is òb
'S gheibh sinne ar dàimh le tuigsinn am bròin,
An calmachd, an sòlais 's an gaoil.

Aig beul na h-oidhche bha màthair a' seinn,
'S na reultan a' deàrrsadh 's ise leath' fhéin,
'S sheinn i mu a beatha le tàladh bha réidh
Do phàiste na chadal gu sàmhach gun éigh.
Bha rìbhinn donn òg na seasamh fo'n speur,
'S ise a' crònadh 's ro chianail a séist
Mu a gràdh is e seòladh do thìrean tha céin.
"O dìon mo chéile, mo ghaol."

An saighdear air àrach fo àile gun sìth
Is maraiche 's iasgair is iadsan nan sgìos
Gun sgrìobh iad mu na strìthean is cùisean a' chrìdh'
Nan duain is iorraim, air fìdhill 's air pìob.
Ma bhios sibh nur tuathanaich ìosal no rìgh
O gheibh sibh ur smior, ur taic is ur brìgh
Bho ghliocas tha tighinn bho linn is gu linn.
Tha spiorad nan sinns'rean ri ar taobh.

Ach dé am bu chòir dhuinn a dhèanamh an dràsd'
Is sinne mar bhòcain air cùlaibh na sgàil,
Na h-àrasan dùinte is sinne a-mhàin
Is eagal na plàighe a' snàgadh mar sgàth?
Tha dìth air an t-sluagh air sòlas is àgh,
'S bidh sìnnsrean is bàird a' sìneadh an làmh'
'S 'ad 'tairgsinn na taice troimh òrain 's dàin,
A' toirt seachad am bàidhe 'san t-saoghal.

Connected
Caroline Bennett

We are connected through poetry and music
From the beginning of eternity and ancestors passed
Across ages and places, crofts and cattle-folds,
In the tongue of my mother and her language full of life.
Oh, listen to the ancient voices from the mist!
And they will give their knowledge from meadow and bay
So we shall receive our connection with understanding of their sadness,
Of their strength, solace and love.

At the beginning of the evening a mother was singing.
The stars were shining and she was alone
Telling about her life with peaceful lullaby
To a child sleeping quietly, soundlessly.
A young dark-haired maiden standing under the heavens,
Crooning, her refrain full of melancholy
About her love sailing to foreign lands
"Oh protect my husband, my love."

The soldier on a battlefield under an atmosphere without peace
A sailor and a fisherman and they in their fatigue—
Wrote of their struggles and affairs of the heart
In their poems and rowing songs, on fiddle and on pipes.
Whether you are a lowly farmer or a king
You will receive your strength, your support and your spirit
From wisdom that comes from age to age.
The spirits of the ancestors are with us.

But what are we to do now?
We are like apparitions behind the veil,
Abodes closed and we alone
And fear of the plague creeping like a shadow.
The people have need of solace and joy,
And the ancestors and poets are reaching out their hands
Offering support with music and poetry,
Sharing compassion in the world.

Tha an Ceò air Èirigh
Caitlín Ní Rodaigh

Tha an ceò air èirigh
Às a' ghleann far an robh e na laighe
Feadh uairean fada an latha

Agus tha mo shùil a' laighe
Air craobhan is raointean an taoibh eile
Is tha mo shaoghal a' fosgladh as ùr

Is tha mo chridhe ag èirigh
A' fosgladh mar bhlàthan a' chonaisg
Ga lìonadh le solas a' ghaoil

Togaidh mi orm mo rathad
A' stiùireadh mo cheum a dh'ionnsaigh
Beanntanan àrda an iar.

The Fog Has Lifted
Kathleen Reddy

The fog has lifted
From the glen where it was lying
Through the long hours of the day

And my eye falls
On the trees and fields of the other side
And my world opens anew

And my heart lifts
Opening like the gorse blossoms
Filling with the light of love

I will take to the road
Steering my steps towards
The high mountains of the west.

Uisge
Caitlín Ní Rodaigh

Còmhdhail Eocairisteach Eadar-Nàiseanta
Baile Quebec, 2008

B' ann aig an Aifreann a bha sinn
Nuair a thàinig an t-uisge
Nuair a chaidh na speuran a bhriseadh mar ugh
Le tàirneanaich is dealanaich
B' ann aig an Aifreann a bha sinn
Nuair a dhòirteadh uisge oirnne
Mìltean againn còmhla
Bho gach dùthaich is teanga is treubh
Nuair a thàinig am meall
A chrathaich sgàileag is fallainn
A leagh na leabhraichean nar làmhan
Cha robh rathad às
Nuair a thàinig an t-uisge
A-nuas mar shaighdean
Is chaidh ar bogadh chun a' chridhe
Is cha d' fhuair duine againn às
Mìltean againn còmhla
Nuair a thàinig an t-uisge

Rain
Kathleen Reddy

International Eucharistic Congress
Quebec City, 2008

We were at the Mass
When the rain came
When the heavens were broken like an egg
By thunder and lightning
We were at the Mass
When the rain poured down on us
Thousands of us together
From every tribe and tongue and nation
When the rainstorm came
That shook veil and chasuble
That melted the books in our hands
There was no way out
When the rain came
Down like arrows
And we were soaked to the heart
And not one of us got out of it
Thousands of us together
When the rain came

Cookies
Alice Beathag Nic a' Gheangaich

Tha mi ag iarraidh *cookies* a dhèanamh
Càite a bheil a' chiad thàthchuid?
Seall!
'S e an siùcar geal

An ath-rud 's e an siùcar donn
Cuir 'sa bhòbhla agus pronn
A-nis dòirt an t-ola anns a' bhòbhla
Dè seòrsa ola? Ola *canola*

Measgaich math leis a' ghreimeadair
Agus cuir ann trì cupannan min-fhlùir
A-nis cuir ann glè bheag de bhanila
'S salann 's pùdar 's mòran stuth eile

Cha leig thu leas ach trì uighean
Measgaich ann am bòbhla mar bhuidhinn
An tàthchuid mu dheireadh 's e tiopaichean seòclaid
Na cleachd a h-uile dhiubh, ach cleachd a' mhòr-chuid

Cuir anns an àmhainn e agus feith
Thoir a-mach, ach cùramach: tha e teth
A-nis cuir na *cookies* air an truinnsear
'S ith a h-uile dhiubh le *pleasure*

Cookies
Alice Beathag Yancey

I want to make cookies
Where's the first ingredient?
Look!
It's white sugar

The next thing is brown sugar
Put in a bowl and mash
Now pour the oil into the bowl
What kind of oil? Canola oil

Mix well with the fork
And add three cups of flour
Now add a little bit of vanilla
And salt and baking powder, and lots of other stuff

You only need three eggs
Mix in a bowl, all together
The last ingredient is chocolate chips
Don't use all of them, but use the majority

Put it in the oven and wait
Take it out, but careful: it's hot
Now put the cookies on the plate
And eat them up with pleasure

Òran Aibidil na Gàidhlig
Uèin Mac an t-Saoir

Tha freumhan domhainn aig na craobhan
Bheir sinn sùil mu'n cuairt.
Tha freumhainn domhainn aig na daoine
Tha sin gu math ceart.

Tha litir spaideil aig gach craobh
Bheir sinn sùil mu'n cuairt
Bidh sinn a' cluich leis na craobhan
Àilleach is mais'.

Ailm, Beith, Coll, is Dair
Eadha, Feàrna, Goirt is Huath
Iogh, Luis, Muin, Nuin, Oir no Onn, Peith
Ruis, Suil, Teine, Ur, is sin e!

The Gaelic Alphabet Song
Wayne MacIntyre

Trees have deep roots,
We'll take a look around
People have deep roots,
That's for sure.

Each tree has a special letter
We'll take a look around
We'll play with these letters
That are beautiful and bonny.

Elm, Birch, Hazel, and Oak
Aspen, Alder, Ivy, and Hawthorn
Yew, Rowan, Vine, Ash, Gorse or Gorse, Birch
Elder, Willow, Gorse, Heather, and that's it!

Tàladh Ceannaige
Uèin Mac an t-Saoir

Seall
air do bhàta bheag
na laighe gu sàbhailte
air an loch

Seall
air an t-seòl mhòr gheal
is na faoileagan
timcheall air

Tha d' athair an seo
gad chumail air a' chùrsa gu ceart
Nis, dùin do shùilean gu teann,
bidh mi an seo anns a' mhadainn

Nuair
a thig àm briseadh an latha
is blàths na grèine
chì mi ann thu,
chì mi ann thu,
chì mi thu ann.

Kenzie's Lullaby
Wayne MacIntyre

Look
at the small boat
lying safely
on the lake

Look
at the big white sail
and the seagulls
all around

Your father is here
keeping your course straight
Now, close your eyes tightly,
I'll be here in the morning

When
the time of daybreak comes
and the warmth of the sun,
I'll see you there,
I'll see you there,
I'll see you there.

An Tràigh 's an Fhaolainn
Ciarán Mac Siúlaí

Air eadar-theangachadh bho Ghàidhlig na h-Èireann gu h-ìosal

Cnò-dhonn nan gainmheach,
Cnùdan, a' bheul-oidhche a' ruadhadh,
Gnogadh a tha tonnan cois chladaich.

Cnagadh ac' a' mìneacheadh clachan,
Cànranach, na gaothan a' sèideadh,
Cnàimh a leithid fiodh-cladaich.

Cnapan cloiche an caraibh do bhruaichean,
Cruach na mara air sgaoileadh,
Cnuaiste anns an àite as faoileagaich'.

Crìonna a tha 'n duine eòlach air an àilleachd.

An Trá is an Durling
Ciarán Mac Siúlaí

Cnódhonn na ngaineamh,
Cnúdán dearg, cóch na hoíche,
Cnagadh atá na tonnta cois cladaigh.

Cnagaidí atá tar éis clocha a mhíniú,
Cnámha an nóis atá ar adhmad na farraige,
Cnapanna cloch atá cois do bhruaigh.

Cnádánach na gaoithe ag séideadh,
Cnuas na farraige tar éis scaipeadh,
Cnuasach in san áit is faoileánaí.

Cnúidíní ar eolas na háilleachta.

The Strand and the Stony Beach
Kieran Walker

Translated from Gaelic and Irish

Nut-brown of the sands,
A gurnet, the evening dusk reddening,
Knocking of waves near shore.

Smoothing stones with their banging,
Grumbling, the winds a-blowing,
A bone the likes of driftwood.

Small chunks of stone in contact with banks,
After the foaming sea has dispersed,
Scraped together in the most seagull-ridden-space.

Wise is the person familiar with the beauty.

Mo Chridhe 'sa Choille
Ciarán Mac Siúlaí

Air eadar-theangachadh bho Ghàidhlig na h-Èireann gu h-ìosal

Stràc na gaoithe a' gluasad tro na duilleagan, fuaim do ghutha
Snuadh na coille a leithid d' aodann; sùgh òmar nan craobhan, do shùilean
'S nuallan an t-sruthain amhlaidh ar deòir, agus thu thar sàile
'Sna làmhan agad, caidreamh na grèine; sin ris a gabhainn fadachd
Snaimeanachd nam freumhaichean, an t-eachtradh againn
'Sna smuaintean agam an-còmhnaidh a tha thu
Snaidhmte a chéile a tha sinne.

Mo Chroí sa Choille
Ciarán Mac Siúlaí

Snas na gaoithe ag bogadh fríd na duilleoga, glór do ghutha,
Snua na coille a leithéid d'éadain; sú ómrach na gcrann, do shúile,
Snúúlacht an tsrutháin ar nós ár ndeora, agus tú thar sáile,
Snúth le croí isteach na gréine, agus mé i do lámha,
Snaidhmeacht na bhfréamhacha, ár n-eachtra,
Sna smaointe agam i gcónaí atá tusa,
Snaidhmthe le chéile atá muidne.

My Heart is in the Forest
Kieran Walker

Translated from Gaelic and Irish

The stripping of the wind moving through the leaves, the sound of your voice
The hue of the forest, the likes of your face; the trees' amber sap, your eyes
The murmur of the stream like our tears, and you abroad
In your hands, the sun's hug; what I would long for
Tying of the roots, our adventure
In my thoughts, you always are
Knotted together are we.

Sheinn an Èibhleag
Brian Seumas MacLeòid

Air iomrall 'san fhàsach, gun fhasgadh mar b'àbhaist,
Gun an t-àite àlainn a chum slàn, fallain thu,
Gun dùil 's gun fhios ri àm fàgail caladh
Mu bhuaidh na chaill 's na chuir am falach thu.

Choisich mi mòinteach is shreap mi creagan,
Dh'èisd mi ri strì nan tonn air na sgeirean,
Chualas leam buaireas na gaoithe 'sna speuran,
'S iad uile ri caoidh na h-àilleige eireachdail.

Gun do ghabh mi sìos gu dlùth ris na h-òban,
Am fianais osnaich nan dùil 'sna geodhan,
Feuch ach am faicinn làrach an teallaich
Far an tàinig d' anam maiseach am follais.

Gu ro fhada leat bhith 'g ionndrainn do thìre,
Gur cianal leam fearann nan sonn às t-eugmhais.
Chuirinn dùbhlan rid nàimhdean gun àireamh
Gus bannan cruaidh do dheòrachd a spreadhadh.

Lorg mi 'n t-àros 'sam faighte sradag,
Chuir mi lasair làn mhisneachd ri èibhleag do chridh',
Is sheinn i le aighear is pailteas fadachd
Gus do thàladh air ais gu Eilean do bhith.

The Embers Sang
Brian James MacLeod

Wandering the wilderness, without your accustomed shelter,
Without that beautiful place which once kept you safe,
Without knowledge or expectation upon leaving the harbour
Of the power of what you lost and yet kept hidden.

I walked the moors and climbed the crags,
I listened to the dispute of the waves with the skerries,
I heard the strife of the wind in the heavens,
All of them mourning the loss of the most beautiful jewel.

I betook myself down close to the bays,
Within earshot of the sigh of the elements in the coves,
To see if I could find the remains of the hearth
Where your lovely soul first came to light.

For too long you have missed your home,
And this land of heroes is a lonesome place without you.
I would defy every one of your foes
To break the cruel bonds of your exile.

I located the spot where an ember could still be found,
And put a courage-filled flame to the ember of your heart,
And it sang with great joy and longing,
Drawing you back once more to the island which gives you life.

Leughadh na Talmhainn...
Brian Seumas MacLeòid

Dhan fheadhainn nach urrainn na toman a leughadh:
nach lèir dhuibh comas is adhbhar ur n-anman?
Chan ann gun deò, gun chainnt an tìr
a chumas sibh tèaraint' an caidreabh a gàirdeanan.

Gur dall na sùilean dha nach urrainn fhaicinn
ach fianais nam briathran air uachdar nan leac:
nach gnàthaich sibh an acfhuinn a bheirte dhuibh
le freasdal na cumhachd am broinn nan creag?

Seo dhuibh teachdaireachd a ghabhas beantainn,
bho linn nan laoch a dh'àitich am fonn:
èistibh ri gairm fearann nan sonn,
gur beò ur sinnsrean an cainnt ur bilean...

Reading the Landscape...
Brian James MacLeod

For those who cannot read these knolls:
can you not see the purpose and power of your souls?
The land is not without breath or speech,
as it keeps you safe within its embrace.

Blind are the eyes which cannot see
but the signs of the words engraved on the stones:
will you not use the tools given you
by the power of providence found in the very rock?

Here you have a manifest message,
from the age of the stalwarts who tilled this soil:
listen to the cry of the land of heroes,
your ancestors yet live in the speech upon your lips...

Chunna Mi 'n Deò ri Tèarnadh 'sa Ghleann
Brian Seumas MacLeòid

Nach glòrmhor an ceòl 'na shìneadh mar cheò
far geugan àlainn, dathte na coille.
Gur toigh leam fàileadh cùbhraidh a' ghuth'
a leanas gu dlùth ri anail nan craobhan,
gur mis' a dhìreadh aodann an aonaich,
a' sireadh nan linntean nach fhaicear lem shùilean.
Cha mhòr an cothrom a th' air fhàgail agam,
's cha bheag an t-iongnadh gur faoin an iomairt
bhith dol air tòir na cuimhn' a b'ait leam
as dèidh dhi teicheadh gu h-èasgaidh bhom lùchairt.
O coma leibh uile! O nach milis an fhìrinn
gum faighear tasgaidh bu mhotha miann
air mullach na beinne 's i dol leis an t-sruthan,
's i leum 'na lùban le leathad is linne,
's i leantainn mar dhìleib phrìseil ri m'anam,
's i dol 'na lasair air feadh mo chùislean.
O seinneam luinneag air aonach lom!
O togam fonn air laoidh nach gann!
O seallam doimhneachd na dàimh a th' ann!
O faiceam fàileas a' ghràis a bh' ann...
Chunna mi 'n deò ri tèarnadh 'sa ghleann
mar ghathan lùbach, luaineach, loinnear,
dh'fhairich mi 'n fhianais am broinn mo chuim,
gur bith-bhuan an gaol, 's nach robh mi 'nam aonar...

I Saw the Spirit Descend through the Glen
Brian James MacLeod

How glorious the music which hangs like mist
on the beautiful, coloured branches of the forest.
How I love the sweet scented voice
which clings closely to the trees' breath,
'tis I would ascend the face of the heights,
seeking the ages which my eyes cannot see.
So little chance is left to me,
no great surprise that my efforts are in vain,
chasing the memory which I held most precious
after it had nimbly escaped from my palace.
But never mind! How sweet the truth,
that a treasure of highest desire may be found
on the mountain's summit, flowing down with the stream,
leaping in loops, down the precipices and pools,
cleaving to my soul like a precious legacy,
spreading like a flame through my veins.
O let me sing a song on the barren peak!
O let me raise a tune to a host of hymns!
O let me gaze into the depths of friendship!
O let me see the shade of the grace that once was...
I saw the spirit descend through the glen
like curving, wandering, glowing rays,
I felt the proof within my breast,
that love is eternal, and I was never alone...

Taisbeanadh
Brian Seumas MacLeòid

Leig leam tèarmann a lorg
am broinn comraich a' chlachain,
leig thugam cinnteachd a' chumhachd
a ghlèidheadh slàn mo leannan.
Gum bu dorch' a' ghaoth a thug lèir-sgrios
air blàthan an liosa,
's gum bu dearg an t-uabhas a dh'fhàg
lom fonn 'san uaigneas.
An d' fhuair an nàmhaid idir greim
air an tasgaidh bu mhotha luach?
Chan ionnan boillsg a' chòmhdaich 's
beartas bhriathran finealta,
làn de ghrinneas na fìrinne,
's gun ac' ach maiseachd an crutha.
Chreachadh an tùr, ged nach robh 'n ceilt ann
ach samhla dhen t-sealbh.
'Nisd thèid gach gin againn a
sgaoileadh a-mach air seachran seaghach.
Na biodh eagal oirbh roimh bhagairt na h-iarmailt;
nach lasrach teas càirdeil na grèine
nar cridheachan aonranach.

Revelation
Brian James MacLeod

Let me seek shelter
within the confines of the clachan,
allow me the certainty of the power
which protects my beloved.
Dark the wind which devastated
the flowers of the garden,
red the terror which left
the wilderness barren of song.
Did the foe actually find
the most precious treasure?
The gleam of the cover is not equal to
the wealth of finely-crafted words,
full of the elegance of truth,
with naught but the beauty of their form.
The tower has been plundered, although it contained
nothing but the semblance of treasure.
Now each of us goes forth,
scattered upon a purposeful wandering.
Have no fear of the threatening skies;
how fiercely bright is the friendly warmth of the sun
within our solitary hearts.

Daoine na h-Aibhne
Seoige NicDhòmhnaill

Ar làmhan air a bhallachadh
le lannan–éisg a' déanadh
boghachan–froise sglìomach
as t–Earrach dar a ruitheas
na sgadain–garbh. 'S aithne
dhuinn iad fon an ainm Frangach:
gaspereaux.
Ionmhas na h-aibhne air a chàrnadh
air ar cidhe beag corrach. Ma bhios
breac no bradan 'sa ribe, o uill.
Sin bracaist nan iasgairean.
Seo obair nach gabhadh dèanadh
's aonar, taosgadh an ribe.
An déidh na h-obrach, bidh rolagan
caineal air a' bhòrd is daoine
coibhneal mun cuairt air.
"Faod' dithist," thuirt e triop,
'm fear dòigheil le bocsa
Tupperware làn cookie-an
na làimh, "Faod' dithist."

The River People
Joyce MacDonald

Our hands speckled
with fish scales making
slimy rainbows
in Spring when the alewives
run. We know them
by their French name:
gaspereaux.
The wealth of the river piled up
on our rickety little wharf. If
there's a trout or salmon in the trap,
oh well. That's the fishermen's breakfast.
This is work that can't be done alone,
emptying the trap.
After the work there will be
cinnamon rolls on the table
and kind people around it.
"Have two," he said once,
the fine man with a
Tupperware box full of cookies
in his hand. "Have two."

Dlùth
Seoige NicDhòmhnaill

Chan e gaisgeach a th' annam,
Le claidheamh na mo làimh.
Chan e bana-gaisgeach nas motha.
Chan e gaisgich a tha dhìth oirnn
Ach dèanadairean,
a' fighe,
a' togail,
a' càradh.

Chan e trodaich a tha dhìth oirnn
Ach tuathanaich,
a' cur,
a' fàs,
a' buain.

Chan e cogaidhean a tha dhìth oirnn
Ach còcairean,
a' bruich,
a' fuine,
a' toirt bìdh dhan t-sluaigh.

Chan e cosgairnich a tha dhìth oirnn
Ach cruthadairean,
a' snaidheadh,
a' tarraing,
a' dealbhadh.

Chan e àrmainn a tha dhìth oirnn
Ach amadain,
a' sùgradh,
ri mire,
a' meantradh.

Chan e cathan a tha dhìth oirnn
Ach coimhearsnachd,
a' tionaladh,
a' coinneachadh,
a' tighinn cruinn.

Close
Joyce MacDonald

I am not a warrior
With a sword in my hand.
I'm not a female warrior either.
It's not warriors we need
But makers,
weaving,
building,
fixing.

It's not warriors we need
But farmers,
planting,
growing,
harvesting.

It's not wars we need
But cooks,
cooking,
baking,
giving food to the folk.

It's not heroes we need
But creators,
sculpting,
drawing,
painting.

It's not armies we need
But fools,
making merry,
having fun,
venturing.

It's not battles we need
But community
gathering,
meeting,
coming together.

Marbh na h-Oidhche
Seoige NicDhòmhnaill

An do dhùisg gnoc aig dorus air astar mi?
Cha b' e manadh a bh' ann,
ag innse dhomh gun do dh'eug thu aig seachd
mionaidean deug an dèidh trì 'sa mhadainn
's mise air leapaidh beag caol leam fhìn.
Cha b' e. Cha b' e ach
a' ghaoth ghailbheach a' séideadh agus a' sgapadh
sliseagan bhon taigh air oidhche fhuar an Fhaoillich.

Chan fhaic mi iomradh-bàis gun m' ainm
a-màireach air Facebok. Chan fhaic.
Ach shiubhal thu bhuamas, co-dhiù,
gun fhaire, gun fhògradh.
Chan fhairich mi do ghuth ciùin
a-rithist.

Tha m' inntinn trom
ach chàraich e.

The Dead of Night
Joyce MacDonald

Did a knock on a distant door wake me?
It wasn't a sign
telling me that you died at seven
minutes after three in the morning
and me in my own narrow little bed.
It wasn't. It wasn't but
the fierce wind blowing and ripping
shingles from the house on a cold January night.

I will not see an obituary without my name in it
tomorrow on Facebook. I won't.
But you journeyed from me anyway,
without a wake, without warning.
I will not hear your calm voice
again.

My mind is heavy
but it will mend.

Donnchadh
A. J. Friseal

'S e Donnchadh, an t-ainm a thug mi air mo mhac.
B' e Donnchadh, an t-ainm a bh'air mo sheanair.
B' e Donnchadh, an t-ainm a bh'air a sheanair cuideachd.

Agus anns a' mhadainn 's mi 'ga chumail nam ghàirdeanan,

Beag,

Bàn,

Bòidheach,

Dh'fhàg e mi

'Son a bhith còmhla ri a shinnsearan.

Duncan
A. J. Fraser

The name that I gave my son was Duncan.
Duncan was the name of my grandfather.
Duncan was the name of his grandfather too.

And in the morning as I held him in my arms,

Small,

Fair,

Beautiful,

He left me

To be with his namesakes.

Moladh Peathar Maireid
Tealsaidh Nic a' Phearsain

A Phiuthair Mairead, *thog i o*
Bana-ghaisgeach sibh, *horo eile.*

> *Fàill ill eileadh,*
> *Ho-hù hug oro.*

Chaidh ur n-àrachadh
Glè fhaisg air Siùdaig.

Ghàidhlig dheas-chàinnteach
Bho ghlùin ur pàrantan.

Gu Oilthigh Harvard,
Sgoilear barraichte sibh.

Sheas sibh gualann ri gualainn
Ri MacAonghais 's Dunn 's Jackson.

Bean bheannaichte sibh
A rinn sgrìob don t-Seann Dùthaich thall.

Ghabh sibh ceum fo 'r n-abaid
Ann an Eilean a' Cheò.

B' ann an Eige a chuala sibh
Port a bheireadh ur màthair air an fhìdhill le pong.

Is nur dùthaich fhèin,
Bha làmh agaibh sa Chathair Ghàidhlig.

Chuir sibh ann an clò
Òrain a bh' aig ar sinnsearan.

Chuir sibh fàilt' air
Annag Aonghais Chaluim Johnston.

Cha b' e sibh nur srainnsear
Ri Fear Chanaigh is ri Maireid laghaich.

Praise of Sister Margaret
Chelsey MacPherson

O Sister Margaret, thog i o
You are a heroine, horo eile.

> Fàill ill eileadh,
> Ho-hù hug oro.

You were brought up
Very close to Judique.

Fluent Gaelic
From your parents' knee.

To Harvard University,
You are a top scholar.

You stood shoulder to shoulder
With MacInnes, Dunn, and Jackson.

You are a blessed woman
Who journeyed across to the Old Country.

You took a step clothed in your habit
On the Isle of Skye.

It was in Eigg that you heard
The tune your mother would play on the fiddle.

And in your own country,
You assisted with the Gaelic Chair.

You published in print
Songs of our ancestors.

You welcomed
Annie Johnston.

You were not a stranger
To John Lorne Campbell and kind Margaret.

Tè Ghlinne Garraidh sibh,
Sìol nan Dòmhnallach.

Dh'fhairich sibh am fraoch
Aig uaigh Easbaig Alasdair Mhòir.

B' ann ann am Baile Shuidni
A ràna' sibh aois ceud bhliadhna.

Is sibhse nur beannachadh dhuinn,
'S cha tèid dìochuimhneachadh gu bràth oirbh.

A woman of Glengarry,
Descendant of Clan Donald.

You smelt the heather
At the tomb of Bishop Alexander MacDonell.

It was in Sydney
That you reached the age of one hundred years.

You are a blessing to us,
And you shall never be forgotten.

A' Bhonaid Ghorm
Calum Stiùbhart Sissons   le "Calum Mór"

Bho shealladh mo shinnsear Dòmhnaill Stiùbhartach
Madainn, an 17mh dhen Ghiblean, 1746
Faisg air Chùil Lodair

Bha bonaid ghorm orm
Leis an t-Suaithneas Bhàin

Bha an Suaithneas Bàn oirre
'S e Stiùbhartach a th'annam

'S e Stiùbhartach a th'annam
Is lean mi ri cliù mo shinnsir

Lean mi ri cliù mo shinnsir
Thog mi claidheamh 's targaid

Thog mi claidheamh 's targaid
Deiseil gu falbh dhan bhlàr

Deiseil gu falbh dhan bhlàr
Ach bha an t-acras orm

Bha an t-acras orm
Agus bha an t-uisge ann

Bha an t-uisge ann
Thug sinn ionnsaigh dhan ear

Thug sinn ionnsaigh dhan ear
Dh'fhuirich na còtaichean-ruadha

Dh'fhuirich na còtaichean-ruadha
Air an làr crò-dhearg

Air an làr crò-dhearg
Chaill mi mo chlaidheamh an-sin

Chaill mi mo chlaidheamh an-sin
Dh' fhàgadh m'athair air a' bhlàr

The Blue Bonnet
Malcolm Stewart Sissons

From the perspective of my ancestor Donald Stewart
Morning, the 17th of April, 1746
Near Culloden

I wore a blue bonnet
With the white cockade

The white cockade was on it
I am a Stewart

I am a Stewart
And I followed the glory of my ancestors

I followed the glory of my ancestors
I took up a sword and a targe

I took up a sword and a targe
Ready to go off to the battle

Ready to go off to the battle
But I was hungry

I was hungry
And it was raining

It was raining
We made a charge to the east

We made a charge to the east
The redcoats waited

The redcoats waited
On the blood red ground

On the blood red ground
I lost my sword there

I lost my sword there
My father was left on the battlefield

Dh' fhàgadh m'athair air a' bhlàr
Shil ar fuil air an làr

Shil ar fuil air an làr
Is mise nach till dhachaidh

Is mise nach till dhachaidh
Chan fhaic mi 'rithist mo dhùthchas

Chan fhaic mi 'rithist mo dhùthchas
Thèid mi am falach san fhraoich

My father was left on the battlefield
Our blood showered on the ground

Our blood showered on the ground
'Tis I will not return home

'Tis I will not return home
I will not see my homeland again

I will not see my homeland again
I will go hide in the heather

a' sliachdadh ro'n iaruinn
Lodaidh MacFhionghain

bha e coltach
gur e rud cho nàdurra
mar gun deachaidh mo bhreith
le mo dhà làimh air gàd iarruinn
a chuideam a' cur impidh air féithean
a tha dìreach an dràsd' a' tighinn gu h-inbhe

seat as deaghaidh seat
do dh'eacarsaich
tha ionnanachd ann a tha an deis meadhon na saothrach
gus adhartas a dhèanadh

chan e an dreach tuilleadh
na dòchas ann an tarruing chorporra na bothaige
cha chùm siod gu dol mi
is chan eil feum air sgàthan
a chionn gur e a bhi a' freagairt o'n tobair bhuan
an obair bhrìghmhor

mar sin coltach ri
seann làmhainn chaithte
greimichidh mi air a' chuideam
togaidh mi suas is cuiridh mi sìos e
gu sìorruidh

is mar na fhiosraich anam
fhad 's a nì e strì a bhi a' tighinn fo bhlàth
thro nithean sònraichte bheatha

fàsaidh mi gu bhi 'nam chorp foghainneach
gun sìon ri dhearbhadh
ach a bhi a' tuigsinn
mar a théid lìomhadh a dhèanadh.

prostrating before iron
Lewis MacKinnon

it seems
a very natural thing
as if I was born
with my two hands on an iron bar
its weight exhorting muscles
that are just now coming of age

set after set
of exercise
there is a solitude that is at the very centre of the labour
in order to progress

it isn't the shape anymore
or the hope in the attractiveness of the physical body
that keeps me going
and there isn't a need for a mirror
as the reflecting out from the eternal source
is the essential work

so, similar to
an old well worn glove,
I grip onto the weight
I raise it up and I put it down
continually

and like what a soul experiences
as it struggles to blossom
through the vagaries of life

I grow into an able body
with nothing to prove
but to understand
how a polishing is done.

Is Tusa an Aghaidh
Lodaidh MacFhionghain

Thug truimead gainntir nan gluasadan pearsanta orm
A bhi a' coimhead air na tha 'nam inntinn dhìom fhìn
Is na chunnaic mi a' sin, a thuilleadh air a h-uile sìon eile,
'S e ìomhaighean dhen duine a th'unnam
Ann an inntinnean dhaoine eile.

Gu dé dhèanadh neach far nach eil dòigh eile ás?
Ceithir ballachan,
Astarachadh sòisealta,
Aodannain 'gan cuibhreadh aghaidh,
Far am feum thu a bhi 'nad anacair gun slighe romhad
Cha dùbh iFòn, an t-eadar-lìon, Làrach nan Aodann, ri bhi
a' ceilearadh, prògraman naidheachda, gnìomhachd chorporra,
drabasdachd, dealbhanan, biadh, deoch na buaireadh sam bith eile ás na
bun-fhaireachdainnean a tha seo,
Far am feumar aghaidh a bhi 'ga cur ri aghaidh.

Nach e rud ìoranta ged tà,
As deaghaidh dha na h-uileadh seo a bhios 'gad tharruing
Nach eil gnùis sam bith ann ri fhaicinn
Tha an aghaidh a' coimhead a-mach
Còmhla riut.

You Are the Face
Lewis MacKinnon

The weight of confinement of personal movements
Made me look on all that I think of myself
And what I saw, more than anything else,
Were images of the person I am,
In the minds of other people.

What can one do when there isn't a way out?
Four walls,
Physical distancing,
Masks that conceal faces,
Where you need to be in the discomfiture of having no path ahead
iPhone, internet, Facebook, Twitter,
news channels, physical activity,
obscenity, pictures, food, drink or anything else can't erase
these base feelings,
Where one must face the face.

Isn't it ironic,
That after all this that draws you in,
There isn't a visage to be seen.
The face looks out
With you.

Feòrachas a' Chait
Lodaidh MacFhionghain

Thàinig thu 'nam shaoghal
Gun fhios, gun chead is gun fhàilte,
Is dh'fhiach mi cho tric 's a 's urrainn
Gun a bhi a' gabhail feart dhìot.

A dh'aindeoin seo, bhiodh tu daonnan ann,
mu'm chuairt, 'nad laighe, 'nad leumadh,
Le do shròn anns a h-uile rud.

Is ged is tric a bhithinn-sa foighneachd do dhuine sam bith
Ris am bithinn a' bruidhinn, "A bheil cat bhuat?"
Cha bu chiall dhomh.

'Nad shròn 'gad tharruing a-staigh gu cunbhalach,
Dh'ionnsaich mi bhuat gu feum mi ann ao' rud a dhèanadh
Le mo smuaintean, m' fhaireachdainnean, mo chràdh

'S e feòrachas
Aig a' cheann thall a mharbhas tusa,
Is a shàbhaileas mise!

Curiosity of the Cat
Lewis MacKinnon

You came into my world,
Without notice, permission or welcome,
And I attempted as often as able
To ignore you.

Despite this, you'd always be there,
Laying down, jumping, around me,
With your nose in everything.

And though often I asked of anyone
With whom I'd be speaking, "Do you want a cat?"
I didn't mean it.

With your nosiness constantly drawing you in,
I learned from you that I have to do the same,
With my thoughts, feelings, pain

It is curiosity,
That ultimately kills you,
And saves me!

Slighe nam Filidh
Lodaidh MacFhionghain

Chan eil do dh'astar ann,
Eadar an dà chòrsa seo,
Dìreach uisgeachan, tìm is smuain,
A tha làn ruitheaman sluaigh,
Nach deachaidh á bith,
Nach do lùghdaich am brìgh thar tìm is atharrachaidh.

'S e na h-aona sùilean o ghach taobh,
A choimheadas a-mach air àrainn,
'Na boglach, creagach, le cnuic gun chrìch,
slighean lùbte 'gan suaineadh an talmhainn',
Far an do dh'fhan beatha,
Far an deachaidh an cuid cuimhne a chumail.

Is có a rinn cinnteach,
Gum maireadh seo 's na h-àrainnean a's a bheil e?
'S e spiorad is facail a' Ghàidheil bhuain.
Tha e coltach nach téid aig an dà air sgaradh,
Is an àite spreadhaidhean an taoibh a-muigh,
Coltach ri sgoltadh an smùirnein,
Tha na h-uile a th'againn a' sruthadh a-mach,
Thro cheòl, bhàrdachd, sgeòil, dhanns, nòs is dhàimh.

Is coltach ris na marannan 'gan lìonadh is tràghadh,
Théid spiorad nan daoine suas is sìos,
Sìos dhan doimhneachd far am bi dubh teagamh,
Suas dhan mhullach far am bi misneach is dòchas,
Is thro'n a' seo uile, 's e facail ann an cainnt, ceòl is nòs,
Mar bu dual a chumas a' dol air dùthchas fòs.

Dh'fhaodadh gun ionnsaichear bho ruith mhór Mhuir Éireann.
A dh'ionnsaigh Sruth na Maoile,
is 'sin a' Chuain Mhóir an Iar, a sgaoil ar sliochdan
Nach téid cur ás do ruitheaman ar muinntreach,
Ged a bhios làn àrd is ìosal ann fiù 's caochladh sìde,
Leanaidh Gàidheil air thall is bhos,
Coltach ri feamainn bacaideach a bhios a' fàs,
Is dh'fheumnas cèarnan ar dùthchais fhathast.

The Pathway of the Poets
Lewis MacKinnon

There isn't any real distance,
Between these two shores,
Just water, time and thought,
That are full of the rhythms of a people,
That didn't disappear,
That didn't diminish in essence across time and change.

It is the same eyes from each side,
That look out on an environment,
Bog-like, rocky, with never-ending hills,
Bended pathways that hug the land,
Where life remained,
Where their own share of memory was kept.

And what ensured
Its survival in its containing worlds?
The spirit and words of the Gael permanent.
It would seem the two cannot be rent,
And instead of explosions on the outside,
Similar to the splitting of the atom,
Everything that we possess streams out,
Through music, poetry, stories, dance, tradition and kinship.

And just like the seas that ebb and flow,
The people's spirit goes up and down,
Down to the depths where there is profound doubt,
Up to the heights where courage and hope reside,
And through all this, it is words in speech, music and tradition,
As is customary that keeps our heritage going still.

May it be learned from the great streaming of the Irish Sea,
Towards the Strait of Moyle
And then to the Great Western Ocean that dispersed our seed,
That the rhythms of our people cannot be extinguished,
Though there be high and low tides and even unpredictable weather,
Gaels will persist over yonder and here,
Similar to impervious seaweed that grows,
And fertilizes the regions of our heritage yet.

Na h-Ùghdaran

Alice Beathag Nic a' Gheangaich

Tha Alice a' fuireach anns a' Bhaile Mhòr (Antaiginis), ann an Albainn Nuaidh, le a parantan, a bràthair, a cù, Sealgair, agus a cat, Peadar. Tha i measail air peantadh, Minecraft agus dannsa Gàidhealach. Bìdh i a' siubhail air cuairt mòr-roinntean na mara (Alba Nuadh, Eilean a' Phrionnsa agus Brunswick Ùr) airson co-fharpaisean dannsa Gàidhealach.

A. J. Friseal

Tha Anndra a' fuireach ann an Suidni, Ceap Breatainn, còmhla ris a bhean Grace is a chlann Simone agus Rowan. Smaoinichidh esan gu tric air eachdraidh agus an t-àm ri teachd do'n eilean aige, agus na dòighean sam faodadh obair ealain ar ceangladh tro fhiosrachd is ùine.

Brian Seumas MacLeòid

Thogadh Brian ann am Badaig, Ceap Breatainn, Alba Nuadh. Tha e ag obair air PhD aig Oilthigh Dùn Eideann ann an Roinn Celtis is Gàidhlig. 'S e pìobaire a th' annsan, agus tha ùidh mhòr aige anns a' Ghàidhlig agus cultar nan Eilean Siar. Tha e a' fuireach ann an Steòrnabhagh air Eilean Leòdhàis.

Caitlín Ní Rodaigh

Rugadh Caitlín ann an Suidni, Ceap Breatainn agus tha freumhan teaghlaich aice ann an Siorramachd Cheap Breatainn agus Siorramachd Antaiginis. Dh'ionnsaich i Gàidhlig an toiseach aig Oilthigh Naoimh Fransaidh Xavier. Tha i air a bhith a' teagasg na Gàidhlig aig iomadh ìre ann an Albainn Nuaidh agus ann an Albainn, eadar clasaichean coimhearsnachd, àrd-sgoiltean agus cùrsaichean oilthighe. An-dràsta, tha i ag obair mar òraidiche ann an Celtis is Gàidhlig aig Oilthigh Ghlaschu.

The Authors

Alice Beathag Yancey
Alice lives in Antigonish, Nova Scotia, with her parents, her brother, her dog, Hunter, and her cat, Pete. She likes painting, Minecraft and Highland dance. She travels around the Maritime provinces (Nova Scotia, Prince Edward Island and New Brunswick) for Highland dance competitions.

A. J. Fraser
Andrew lives in Sydney, Cape Breton, with his wife Grace and his children Simone and Rowan. His thoughts are often on the history and future of his island, and the ways art can connect us through shared experience and time.

Brian James MacLeod
Brian is from Baddeck, Cape Breton Island, Nova Scotia. He is working on a PhD in the Department of Celtic and Scottish Studies at the University of Edinburgh. He is a Highland piper with a deep interest in the Gaelic language and culture of the Western Isles. He currently lives in Stornoway on the Isle of Lewis.

Kathleen Reddy
Kathleen was born in Sydney, Cape Breton, with family roots in Cape Breton and Antigonish counties. She first studied Gaelic at St. Francis Xavier University. She has taught Gaelic at many levels in Nova Scotia and in Scotland, including community classes, secondary schools, and university courses. She currently works as a lecturer in Celtic and Gaelic at the University of Glasgow.

Calum Stiùbhart Sissons

Rugadh Calum ann an Calagaraidh, Alberta. Nuair a bha e òg,
dh' ionnsaich a pharantan is a sheanair dha a bhith measail air a
dhualchas Albannaich bho'n d' thàinig a shinnsearan. Nuair a bha e 'na
dheugaire, thog e a' phìob-mhór. Bha e ag obair anns na ceàrdaichean
breigearachd aig a theaglach ann am Baile Sgrogaid far an do thog e
triùir chloinne còmhla ri a bhean Jennifer. Bidh iad a' dèanamh
iol-dannsa cuideachd. Tha Fraingis aig Calum agus tha e ag ionnsachadh
na Gàidhlig air loidhne còmhla ri Aonghais MacLeòid à Ceap Breatainn.

Carolain Bennett

Rugadh Carolain ann an Sasainn, thogadh i ann an Afraga Deas agus
tha i a' fuireach anns na Stàitean Aonaichte. 'S toigh leatha Nàdar agus
Bàrdachd, a bhith seinn agus a bhith 'g obair air a' bheairt aice. Bha
bàrdachd Ghàidhlig aice air an liosta-ghoirid Wigtown Poetry Prize
's tha na h-òrain aice air a bhith craoladh air a' BhBC. Dh'ionnsaich
Carolain a cuid Ghàidhlig bho Aonghas MacLeòid ann an Ceap
Breatainn agus bha a sinnsirean à Cheap Breatainn.

Ciarán Mac Siúlaí

Tha Ciarán à Halafacs, Alba Nuadh. Thòisich e air Gaeilge
dh'ionnsachadh aig Oilthigh Naomh Màiri. Fhuair e ceum
maighstireachd bho Oilthigh Mhá Nuad. Thòisich e air Gàidhlig
a thogail ann an 2019 agus rinn e Daltachas. Tha e ag obair aig
Comhairle na Gàidhlig agus a' fuireach ann an Halafacs.

Lodaidh MacFhionghain

Rugadh Lodaidh 's an t-Sìthean, Ceap Breatuinn, do athair a tha 'na
Ghàidheal agus do mhàthair a tha 'na h-Acadianach. Chaidh a thogail
air tìr-mór na h-Albann Nuaidhe ann an Siorramachd Antaiginis.
Ann an 2011, chaidh a ainmeachadh mar bhàrd dhan Mhòd Nàiseanta
Rìoghail an Albainn. Tha e ag obair gus cànan, cultur agus aithne nan
Gàidheal an Albainn Nuaidh, an Canada is gu h-eadar-nàiseanta a chur
air adhart. Tha e a' fuireach còmhla ri' a theaghlach ann an Guìpeò /
Sackville Mheadhanaich teann air Haileafacs.

Malcolm Stewart Sissons

Born in Calgary, Alberta, Malcolm's parents and grandfather instilled in him an appreciation of history and the ancestral connections to Scotland. As a teen, he took up the pipes in the local band. His career took him back to the family brick business in Medicine Hat where he raised a family with his wife Jennifer. Together, they participate in Scottish Country Dancing. Fluent in French, Malcolm now studies Gaelic online with Angus MacLeod in Cape Breton.

Caroline Bennett

Caroline is Scottish and English, grew up in South Africa and lives in New York. She loves Nature, weaving, Gàidhlig song and poetry. Her Gaelic poetry was short-listed for the Wigtown Poetry Prize, and her Gaelic songs have been featured on the BBC. She has studied Gaelic in Cape Breton with Angus MacLeod and is descended from Cape Bretoners.

Kieran Walker

Kieran is from Halifax, Nova Scotia He started learning Irish at Saint Mary's University. He then completed his Master's at Maynooth University in Ireland. He began learning Scottish Gaelic in 2019 and has participated in the Daltachas apprenticeship program. He works for Comhairle na Gàidhlig and lives in Halifax.

Lewis MacKinnon

Lewis was born in Inverness, Cape Breton, to a Gaelic father and an Acadian mother. He was raised on the Nova Scotia mainland in Antigonish County. In 2011, he was named the poet laureate to the Royal National Mòd in Scotland. He works to advance Gaels' language, culture and identity in Nova Scotia, Canada and internationally. He lives with his family in Kwipew / Middle Sackville near Halifax.

Seoige NicDhòmhnaill

Thogadh Seoige NicDhòmhnaill faisg air Màbu, Ceap Breatainn.
Chuala i a' Ghàidhlig dar a bha i òg, ach cha do thuig i cànan a muinntir.
Chuir sin fo bhròn i. Thòisich i air Gàidhlig ionnsachadh san àrd-sgoil.
Chuidich iomadh duine dhi leis an ionnsachadh. Tha i ag obair aig
Colaisde na Gàidhlig agus a' fuireach ann an Suidni a Tuath.

Tealsaidh Nic a' Phearsain

Rugadh is thogadh Tealsaidh Nic a' Phearsain ann an Siorramachd
Ghlinne Garraidh, Ontario. Sgrùdaich i Ceiltis aig Oilthigh Naoimh
Fransaidh Xavier, agus bha i na neach-cuideachaidh stòir-dhàta air
a' phròiseact de dh'òrain Ghàidhlig na h-Albainn Nuaidh, Cainnt anns
na Ceathramhan, le Oilthigh Cheap Breatainn. Tha bàrdachd an-
còmhnaidh air a bhith a' còrdadh rithe.

Uèin Mac an t-Saor

Tha ceòl air a bhith na phàirt mhòr de a bheatha daonnan ann an
Halafacs far an do rugadh is thogadh e. Thàinig a dhìoghras à Uibhist a
Deas tro Dominion, Ceap Breatainn air taobh athar, agus às an Fhraing
tro Rivière Bourgeois, Ceap Breatainn air taobh a mhàthar. Bha ùidh
aige an-còmhnaidh air brìgh fhaclan agus 's toil leis gu mòr a bhith ag
ionnsachadh chànain eile.

Joyce MacDonald
Joyce was raised near Mabou, Cape Breton. She heard Gaelic among the older members of her family and community when she was young, and it made her sad that she couldn't understand the language of her own people. She started learning Gaelic in high school. Many people helped her learn along the way. She now works at the Gaelic College and lives in North Sydney.

Chelsey MacPherson
Chelsey was born and raised in Glengarry County, Ontario. She studied Celtic Studies at St. Francis Xavier University and worked as a database assistant for the Nova Scotia Gaelic song project, Language in Lyrics, through Cape Breton University. She has always enjoyed poetry.

Wayne MacIntyre
Music has always been a large part of Wayne's life in Halifax where he was raised. This passion comes from South Uist through Dominion, Cape Breton on his father's side, and from France through Rivière Bourgeois on his mother's side. He has always loved words and learning other languages.

Tiotalan eile
Other titles:

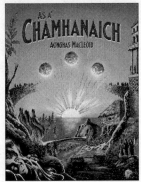

Airson tuilleadh leabhraichean, tadhailibh air Clò a' Bhradain air loidhne
For more Gaelic books, visit Bradan Press online

bradanpress.com